AF319422

LE
COLLECTIVISME

DEVANT LA 10ᵉ CHAMBRE

(AFFAIRE DU CONGRÈS OUVRIER INTERNATIONAL SOCIALISTE)

DÉFENSE COLLECTIVE

Présentée au nom des prévenus *Coueste, E. Massard, G. Deville L. Chabry; Briolle* et *Boguet* (Chambre syndicale des Mécaniciens); *Virien* (Chambre syndicale des Tailleurs); *J. Bernard* et *Damlaincourt* (Corporation des Serruriers); *J. Vaidy, A. Audonnet* et *S. Paulard* (Chambre syndicale des Employés de commerce); *Tassotte* (Chambre syndicale des Menuisiers); *Kitchenstein* et *Chevallier* (Chambre syndicale des Mégissiers); *Gaston Picourt, Gerbaud, L. Boulet, Jeallot* et *Oriol*, par le prévenu *J. Guesde.*

PARIS

IMPRIMERIE ADOLPHE REIFF

9, PLACE DU COLLÉGE DE FRANCE, 9

1878

DÉFENSE COLLECTIVE

Avant de m'occuper, messieurs, de l'unique chef d'accusation qu'on ait osé maintenir contre nous, et dont le ministère public s'imagine peut-être avoir fait la preuve, alors qu'il n'a réussi qu'à en établir le néant, force m'est, pour empêcher une interversion de rôles non moins contraire à la vérité qu'à notre dignité, de vous faire en quelques mots l'historique du comment et du pourquoi nous sommes ici.

Car si jamais apparences ont été trompeuses, c'est assurément dans le cas actuel. Puisque, à en juger par la brutalité des arrestations et par la longueur de la prévention cellulaire dont plusieurs d'entre nous ont été l'objet, nous avons l'air de ne comparaître par devers vous que contraints et forcés, alors que la vérité est (comme vous allez le voir), que nous n'avons rien négligé, que nous avons mis tout en œuvre pour provoquer et pour obtenir les débats qui viennent de s'ouvrir, et que ce procès que nous paraissons subir, c'est nous qui l'avons voulu, cherché, j'allais dire « intenté. »

Il y avait plus de cinq mois, messieurs, que se tenaient périodiquement, le vendredi de chaque semaine, salle Diderot, des réunions privées pour l'or ganisation du Congrès ouvrier international socialiste, sorti des délibérations du congrès ouvrier de Lyon; l'ordre du jour de ce Congrès avait été discuté et arrêté, ainsi que sa date d'ouverture, lorsque intervint une interdiction, aussi peu motivée qu'inattendue, de la préfecture de police.

Ces réunions de la salle Diderot avaient toujours en lieu au su de toute la presse qui avait inséré au fur et à mesure les avis de convocation, ainsi que les résolutions prises et l'appel aux travailleurs des départements et de l'étranger. Et lorsque nous fûmes avisés verbalement qu'elles étaient prohibées comme le Congrès lui-même, il se trouva des hommes, parmis lesquels j'étais, pour protester contre ce qu'ils considéraient comme un abus de pouvoir et pour refuser de s'y soumettre.

Les raisons de notre refus ont été exposées dans une Déclaration qui fut en son temps reproduite par les journaux et dont je vais vous donner lecture, — le ministère public ayant eu soin de ne la citer qu'en la mutilant :

Les soussignés, membres du Comité pour la réception des délégués à l'Exposition universelle de 1878 et pour l'organisation du Congrès ouvrier international socialiste, auxquels se sont joints les délégués à ce Congrès déjà nommés par les groupes ouvriers;

Vu l'interdiction verbalement prononcée contre le Congrès par la préfecture de police et le ministère de l'intérieur ;

Attendu que la classe ouvrière, comme les autres catégories de citoyens, a des intérêts propres qu'il est de son droit et de son devoir de défendre, et dont la défense ne saurait être limitée ou entravée par les frontières nationales politiques ;

Attendu qu'en profitant de l'Exposition pour recevoir les travailleurs des autres pays et pour discuter avec eux certaines questions d'intérêt commun, les travailleurs français, en général, et les travailleurs parisiens, en particulier, ne font que suivre l'exemple des *gens de lettres* qui se sont réunis il y a deux mois en Congrès international, et des *commerçants et industriels*, dont le Congrès également international, organisé par les Chambres syndicales PATRONALES, a lieu, en ce moment même, au palais officiel du Trocadéro ;

Attendu qu'abaissées, que supprimées ainsi pour les patrons, les frontières ne sauraient être relevées arbitrairement et exclusivement contre les ouvriers, sans que la République se rende coupable d'un de ces dénis de justice qu'une monarchie même hésiterait à commettre ;

Attendu, d'autre part, que la forme de réunions privées adoptée pour le Congrès ouvrier international socialiste suffit à le soustraire à l'ingérence de l'administration, laquelle n'a ni à l'autoriser, ni à l'interdire, obligée qu'elle est de n'y voir que l'exercice d'un droit incontesté et incontestable, un effet de la liberté et de l'inviolabilité du domicile, quitte — si des délits venaient à être commis — à traduire leurs auteurs devant les tribunaux compétents ;

Attendu, enfin, qu'en organisant le Congrès en question, les travailleurs parisiens n'ont fait que se conformer à une décison du dernier congrès ouvrier de Lyon ; qu'ils ne sont pas libres de laisser cette décision en souffrance ; qu'il est, au contraire, de leur honneur d'en poursuivre et d'en assurer l'exécution :

Déclarent pour ces motifs :

1° Qu'ils ne sauraient tenir compte d'une interdiction verbale dictée par des intérêts de caste et dénuée de toute base juridique ;

2° Que le Congrès ouvrier international socialiste aura lieu à la date précédemment fixée, soit du 2 au 12 septembre 1878 ;

Et attendu que, faute de continuer à remplir le mandat qu'ils ont accepté et dont ils ne se sont pas fait relever, la majorité des membres de la commission exécutive et des commissions de propagande et de contrôle doivent être considérés comme démissionaires ;

Ils décident qu'une assemblée générale aura lieu à une époque qui sera ultérieurement indiquée pour procéder à leur remplacement, et que, d'ici là, tout ce qui concerne le Congrès devra être adressé aux citoyens Henri Gerbaud, trésorier provisoire, 214, rue de Charenton ; Jules Guesde, secrétaire provisoire, 10, place Dauphine.

Suivaient 25 signatures — qui devaient amener 23 d'entre nous sur ces bancs.

La réunion générale du comité organisateur dont il était parlé dans cette pièce, ne put avoir lieu, la salle Pétrelle où elle devait se tenir s'étant trouvée fermée et occupée par M. Elie Fouqueteau et ses agents lorsque nous nous y présentâmes le 24 août dans la soirée.

Mais, sans nous laisser intimider ou décourager par cette nouvelle violence, contre laquelle nous fûmes le soir même une vingtaine à protester collectivement et publiquement, nous persistâmes à tenir le Congrès interdit et traqué, « fût-ce au domicile de l'un de nous. » (Ce sont les propres termes de la protestation.)

Et, à cet effet, après une réunion salle d'Arras, consacrée à la réception des vingt-cinq délégués de Marseille à l'Exposition, et dont le même M. Fouqueteau, arrivé trop tard pour la dissoudre, ne pût que constater la levée; après un dernier avis adressé à la presse, nous nous acheminâmes chacun de notre côté et avec notre carte nominative d'invitation au domicile personnel et privé du citoyen Finance, 101, rue des Entrepreneurs, à Grenelle, où eurent lieu les razzia qui nous firent aussi arbitrairement qu'inutilement passer par le Dépôt et par Mazas pour arriver à cette barre.

En agissant comme nous l'avons fait, en allant jusqu'au bout de notre résistance à ce qui nous apparaissait, à ce qui devait nous apparaître comme le plus monstrueux des dénis de justice, nous n'ignorions pas, nous ne pouvions pas ignorer ce à quoi nous nous exposions, — quoique les faits, je dois le reconnaître, aient dépassé toutes nos espérances.

Les risques qui nous attendaient dans cette voie nous avaient été dénoncés tout au long par M. le préfet de police lui-même, qui — sans paraître se douter qu'il existe des articles de lois qui prévoient et punissent les *menaces sous condition*, — avait imprudemment menacé notre trésorière et notre secrétaire d'alors d'une triple poursuite :

Pour association illicite,

Pour fédération des chambres syndicales,

Et pour affiliation à l'Internationale,

Si nous ne renoncions d'ores et déjà à toute idée de Congrès.

Et nous n'en avons pas moins persévéré dans notre tentative; et aucun de nous n'a eu, même un instant, la pensée de s'avouer vaincu ou de déserter la lutte, parce que — et j'appelle toute votre attention sur ce point caractéristique, messieurs, — les questions soulevées par les agissements contradictoires de la préfecture de police et des organisateurs du Congrès étaient tellement graves, tellement vitales, qu'il fallait qu'elles fussent tranchées quand même, et que le souci de nos intérêts et de notre liberté disparaissait, devait disparaître devant la nécessité de leur solution — quelle qu'elle fût.

Il s'agissait de faire établir expérimentalement si tous les citoyens, comme il se trouve des gens pour le prétendre, sont réellement égaux devant la loi; ou si au contraire la loi, faite à l'image et à l'usage d'une classe, défend aux uns, — les pauvres, ce qu'elle permet aux autres, — les riches. Toutes les variétés de la France capitaliste avaient pu tenir librement et publiquement, à l'abri de l'Exposition universelle, leur congrès internationaux et y prendre telles mesures internationales qui pouvaient convenir à leurs intérêts particuliers. La France laborieuse, la France au travail de laquelle on devait toutes les merveilles entassées au Champ-de-Mars et au Trocadéro pour l'admiration du monde entier, serait-elle seule exclue de ce droit, — qui était devenu le droit commun — et ce, sous la République, sous un gouvernement issu de son suffrage souverain?

Il s'agissait de faire décider, toujours par les faits, si l'inviolabilité du domicile proclamée par la Constitution de l'an VIII et, par suite, le droit de réunion privée, étaient autant de vérités pour tous ; ou si, au contraire, pour cesser d'être inviolable, il suffit qu'un domicile soit ouvrier, et si les réunions privées ne constituent un droit que pour ceux qui possèdent des salons attenant à leurs nombreuses chambres à coucher ou disposent, par faveur, des édifices publics.

Il s'agissait en un mot de mettre l'ordre social actuel au pied du mur et de l'obliger à se prononcer, par ses organes attitrés, sur la véritable place faite par lui au travail et aux travailleurs.

Par suite des exploits policiers du 5 septembre dernier, par suite de l'envahissement avec effraction du local possédé et occupé par le citoyen Finance et de l'empêchement matériel ainsi apporté à la tenue du Congrès ouvrier international socialiste malgré sa forme de réunion privée, nous savons déjà, au moins en partie, ce qu'il nous importait, ce qu'il importait au prolétariat français de connaître.

Nous savons qu'administrativement, que gouvernementalement, — puisque le président du conseil, M. Dufaure, s'est décidé par la lettre que vous connaissiez, à couvrir son collègue de l'intérieur et son préfet de police, — nous savons que l'égalité, je ne dis pas économique, je ne dis pas politique, mais simplement civile, que la bourgeoisie n'a cessé de nous donner pour la conquête la plus précieuse de son 89, ne dépasse pas la limite de la classe dirigeante

1.

et possédante ; que, même à huis-clos, les salariés ne sauraient faire ce que font au grand jour leurs patrons ou employeurs ; que pour les prolétaires il n'y a ni domicile inviolable ni réunions privées.

Mais nous savons encore autre chose, dont nous nous doutions, à vrai dire, quelque peu, mais dont il ne saurait nous déplaire d'avoir fourni une nouvelle preuve à nos dépens :

C'est qu'il est possible, en 1878, après 1789, après 1830, après 1848, après 1870, d'empoigner sur la voie publique, comme des malfaiteurs, sans mandats, ou avec de simples mandats de perquisition, des citoyens se rendant paisiblement à l'invitation d'un de leurs amis ;

C'est qu'en violation formelle de la loi, il est possible, de perquisitionner, la nuit, jusqu'à l'alcôve de nos femmes et jusqu'au berceau de nos enfants ;

C'est qu'il est possible d'emporter, sans l'apposition du moindre scellé, c'est-à-dire de voler — toujours la nuit — les papiers des citoyens élevés à la dignité de suspects par un fonctionnaire dont ils ont osé mettre en question l'infaillibilité ;

C'est qu'il est possible d'attendre dans une cellule du Dépôt plus de vingt-quatre heures un premier interrogatoire, même *pro forma*, quitte au commissaire de police qui y a procédé, en se substituant de sa propre autorité au juge d'instruction exigé par le Code, de post-dater son procès-verbal et de rentrer dans la légalité par un faux en écriture publique ;

C'est qu'il est possible d'infliger à des prévenus politiques l'affront des menottes, oui, des menottes qu'il nous a fallu subir à plusieurs reprises et en public, tant pour aller à l'instruction que pour nous laisser photographier malgré nous ;

C'est, pour tout dire, que cette légalité bourgeoise, dans laquelle on entend nous enfermer comme dans un cercle de fer, la bourgeoisie et ses fondés de pouvoir sont les premiers à la mettre sous les pieds dès qu'ils y trouvent ou croient y trouver le moindre intérêt.

Ce qui, d'ailleurs, peut vous indigner, mais ne saurait en aucune façon vous étonner, étant donnée la nécessité, la fatalité, pour nous démontrée, de l'avortement de la révolution du siècle dernier entre les mains de ceux qu'on a pu appeler « les nouveaux seigneurs du capital. »

Du moment que, sous les grands mots de liberté et d'humanité, le Tiers-État d'il y a quatre-vingt-onze ans ne visait qu'au pouvoir ; que, simple fraction de la nation, il entendait la confisquer à son profit en devenant ce *tout*, dont parlait Sieyès, et qu'avaient été pendant des siècles la Noblesse et le Clergé ; qu'il ne poursuivait qu'une substitution de classe ; et que les *Droits de l'Homme*, si pompeusement *déclarés* par lui, n'étaient pas, ne devaient pas être les droits de tout homme, assuré socialement dès sa naissance et par le fait seul de sa naissance, du développement et de l'application de toutes ses facultés, mais les droits de quelques hommes, de cette fraction de l'humanité assez heureuse pour trouver dans le milieu familial les moyens de pourvoir individuellement à sa conservation et à son développement ; du

moment que, sur les ruines des charges et des titres
héréditaires, il maintenait l'hérédité des fortunes,
continuant l'inégalité civile supprimée à son bénéfice
par l'inégalité économique dont il bénéficiait ; il était
impossible que tous les abus de l'ancien régime,
contre lesquels il s'était insurgé et qu'il venait de
balayer, ne reparussent pas l'un après l'autre ; il
était impossible que sa situation de classe privilé-
giée ne l'amenât pas à user et à abuser du même arbitraire dont s'étaient servis, dont avaient dû se servir
avant lui et contre lui les classes privilégiées auxquelles il succéda ; et qu'après avoir commencé par
instituer ce qu'il appelait les « formes protectrices
de toute liberté et de toute justice, » il ne finit pas
par piétiner sur toutes ces formes, incompatibles
avec sa domination de caste.

Parce qu'il n'y a pas, messieurs, trois moyens de
créer et de maintenir l'ordre, même matériel, dans
les sociétés humaines :

Ou la société est fondée sur la justice, sur l'égale
répartition entre tous des charges et des avantages,
sur l'égale satisfaction des besoins de chacun ; et
l'ordre naît et subsiste de lui-même par l'égal intérêt
que tous ont à le conserver : c'est la liberté, cette
liberté que tous les gouvernements nous ont successivement promise et qu'ils ne nous ont jamais tenue,
parce qu'elle n'était pas de leur compétence ;

Ou la société est fondée sur le monopole, monopole d'instruction, de richesse, etc., et sur l'exploitation, qui en dérive, du plus grand nombre par
quelques-uns ; et dans cette société-là, qu'une mino-

rité seule a intérêt à conserver, l'ordre est une affaire de force : c'est l'arbitraire et la violence, cette violence et cet arbitraire dont nous sommes aujourd'hui par devers vous les témoins et les victimes.

Il nous reste maintenant à apprendre de vous, messieurs, si toutes ces inégalités, si toutes ces iniquités, si cette mise en interdit de la majorité laborieuse de la nation et la suppression à coups d'argousins du droit de réunion privée pour les prolétaires, si tout cela est *légal* et a pu être opéré *légalement*.

Jusqu'à présent, la préfecture de police et le ministère seuls sont engagés, compromis dans cette très-instructive affaire. L'ostracisme dont a été frappée la classe ouvrière reste purement administratif ou gouvernemental. C'est le pouvoir politique qui a seul rompu en visière à un prolétariat trop conscient de son droit et de sa force pour ne pas relever le gant qui lui est jeté.

Il s'agit de savoir de vous, messieurs, si le pouvoir judiciaire dont l'indépendance est ou doit être absolue, entend se faire, sinon le complice, au moins l'auxiliaire d'une pareille provocation, en la légalisant pour ainsi dire.

C'est ce qui constitue à la fois votre responsabilité et l'importance toute particulière du verdict que vous êtes appelés à rendre, lequel, s'il ne devait pas aboutir, non-seulement au plus triomphal des acquittements, mais à la condamnation la plus formelle de tout ce qui s'est fait contre nous depuis trois mois, en consacrant et en consommant l'excommunication prononcée par tous les organes de la société d'aujourd'hui contre la masse des salariés, obligerait ces derniers, traités en parias, à se considérer comme hors la loi et à agir en conséquence.

Ceci posé, — pour que nul n'en ignore, — j'arrive sans plus tarder au délit sous l'inculpation duquel sont actuellement poursuivis, non pas 39 citoyens ou citoyennes, mais, ce qui est bien différent, 39 délégués ou mandataires de plus de 16 corps d'état parisiens. Et ici, il m'est impossible de ne pas remarquer tout d'abord deux choses :

La première, c'est que les articles 291 et 292 du Code pénal et les articles 1er et 2 de la loi du 10 avril 1834, qui sont suspendus sur notre tête, ont été à plusieurs reprises l'objet d'une demande formelle d'abrogation de la part des mêmes hommes actuellement au pouvoir qui vous demandent de nous les appliquer aujourd'hui. De telle sorte que les Républicains gouvernementaux ne se contentent plus de renvoyer à plus tard, aux calendes grecques, comme inopportune, la suppression plusieurs fois promise à leurs électeurs, des entraves apportées au droit d'association ; mais que libres de laisser dormir ces armes condamnées par eux, — comme ils laissent dormir la loi d'expulsion contre les Jésuites, — ils en sont arrivés à s'en servir eux-mêmes et à essayer d'en frapper — qui ? — les travailleurs qui ont eu la naïveté de les porter au pouvoir, leurs électeurs ouvriers du 20 février 1876 et du 14 octobre 1877.

Ma seconde observation a trait à la consultation de MM. Crémieux, Albert Joly, Gastineau, etc., qui a été portée hier à votre connaissance, et dont nous pourrions nous couvrir contre l'accusation qui pèse sur nous, en enfermant votre justice dans le dilemme suivant :

Ou MM. Crémieux, Albert Joly, Gastineau, etc., ont interprété exactement les lois existantes — et l'association illicite disparaît pour faire place tout au plus à des réunions non autorisées ;

Ou M. Crémieux et ses collègues se sont trompés dans leur consultation ; — et comment pourriez-vous exiger de simples citoyens, travailleurs manuels pour la plupart, qu'ils connaissent mieux les lois de leur pays qu'un ancien Garde des Sceaux, deux fois ministre de la justice française ?

Mais je renonce, mais nous renonçons, mes amis et moi, au bénéfice de cette consultation, que nous n'avons, à vrai dire, ni provoquée, ni demandée. Et nous disons simplement au ministère public :

L'association non autorisée dont vous essayez de nous accabler n'existe pas, ne peut pas exister :

Elle n'existe pas, parce que, de l'aveu de votre supérieur hiérarchique, M. Dufaure, garde des sceaux de l'heure actuelle, plaidant dans le *procès des Treize* du second et dernier Empire, — je cite textuellement, — « pour une association, il faut la permanence. On s'organise pour une occasion déterminée (les élections alors, le congrès aujourd'hui) ; ce n'est qu'une réunion, malgré le comité, malgré les listes de souscriptions qui peuvent être produits ou constatés. »

Elle n'existe pas, parce que, en admettant même

que, contrairement à l'opinion d'il y a treize ans du présent ministre de la justice, la périodicité des réunions et l'identité des personnes et du local suffisent à constituer une association, malgré la non-permanence du but, l'association qui pourrait résulter des cinq mois de séances du comité organisateur du Congrès ne saurait être considérée comme illicite, la tolérance dont le gouvernement — *averti hebdomadairement par la presse* — *les a couverts jusqu'au 2 août*, emportant au moins une *autorisation tacite*.

Resteraient donc les réunions du comité qui ont pu être tenues depuis le 2 août, autrement dit depuis l'interdiction préfectorale.

Mais à cette époque, vous ne l'ignorez pas, le comité s'est scindé en deux : une partie, la minorité, ceux qu'on a appelés les « *violents* », insistant pour qu'il soit passé outre à un arrêté qui leur paraissait abusif au premier chef, pendant que la majorité, les *modérés*, bien que non moins révoltés de ce déni de justice, voulaient se soumettre, tout en protestant.

Or, de ces deux fractions, la seule qui, d'après l'accusation elle-même, aurait réussi à se réunir à trois reprises différentes, est précisément celle qui se croyait forcée à prendre en considération l'interdiction prononcée. Ce qui, en donnant à ses réunions, si elles ont réellement été tenues, un but absolument différent de celui poursuivi par le comité organisateur du Congrès, suffirait à les retrancher du dossier de la prétendue association.

L'autre fraction, dont nous étions, a bien tenté, elle, de toutes les manières, de reprendre l'œuvre d'organisation interrompue. Forte de son droit, elle avait publiquement pris l'initiative de la convocation à la salle Pétrelle, qu'il n'a pas tenu à elle de faire aboutir. Ces réunions, sur lesquelles on voudrait asseoir l'infraction à la loi de 1834 et aux articles 291 et 292 du Code pénal, nous avons fait, — nous le déclarons bien haut, — tout ce qu'il était humainement possible pour les avoir ; et si l'intention peut être réputée pour le fait, nous sommes les premiers à revendiquer toute la responsabilité qui peut en découler.

Mais, je le répète, il ne nous a pas été loisible de les tenir. Entre chacune de nos tentatives et leur réalisation s'est interposé, comme un obstacle insurmontable, un procès-verbal sanctionné par un certain nombre d'agents de la paix.

Et quand je dis que malgré notre volonté bien arrêtée de ne tenir aucun compte du *non volumus* de M. Albert Gigot, nous n'avons pu réunir une seule fois le comité d'organisation, qu'on ne croie pas que j'oublie ou que je tente d'escamoter la réunion de la salle d'Arras que l'on évoque contre nous.

Cette réunion nous appartient, et nous sommes, mes amis et moi, tous prêts à la signer ; mais d'abord, véritable hors d'œuvre, elle n'avait pas pour objet le Congrès lui-même, mais la réception des 25 délégués de Marseille à l'Exposition universelle; elle se composait, ensuite, non pas des délégués des groupes ouvriers au comité organisateur, mais des délégués de ces mêmes groupes au Congrès, dont le mandat annulait nécessairement celui de leurs devanciers.

. 1...

Le délit à l'aide duq.. o. nous a transformés en prévenus est donc, de tou.. points, imaginaire. Pour aller jusqu'au bout de notre pensée, ce n'a été qu'un *prétexte*.

Un prétexte pour empêcher la tenue d'un Congrès que les classes dirigeantes, M. le Substitut a dû l'avouer, considéraient comme devant être le point de départ d'une révolution dans la classe ouvrière, jusque-là trop généralement dupe de la sophistique économique bourgeoise ;

Un prétexte pour autoriser des arrestations multiples, destinées à terroriser les travailleurs et à les détourner, à l'aide de cette terreur salutaire, de la voie socialiste et révolutionnaire dans laquelle ils tendaient de plus en plus à s'engager ;

De même qu'après les arrestations faites et le Congrès étranglé et enterré, ce même délit maintenu n'a plus été qu'un moyen pour l'autorité politique de se disculper de la série des violences dont lui demandait compte l'opinion publique indignée.

Et si j'emploie ce mot de *prétexte*, c'est en connaissance de cause, sciemment et volontairement, parce que je suis en mesure d'en établir la parfaite exactitude, ne serait-ce qu'à l'aide des variations par lesquelles a passé la prévention à notre égard, avant de revêtir la forme définitive — j'aime du moins à le croire — que vient de lui donner le ministère public.

Si je consulte en effet mon premier interrogatoire subi, non pas le 5 septembre comme le porte faussement le procès-verbal signé *Dulac*, mais le 6 dans la nuit, c'est « de ce fait que plusieurs convocations sont indiquées sur la même carte d'invitation au Congrès » que l'on « conclut » à une « association non autorisée ou illicite », alors que depuis, tant dans nos interrogatoires que dans le réquisitoire de M. le Substitut, on s'est soigneusement abstenu d'incriminer un Congrès qui n'a même pu avoir un commencement d'existence.

Comment expliquer, d'autre part — sans se placer à notre point de vue — le fait des arrestations opérées, où? à Grenelle! alors que pas une seule des réunions dont on essaie aujourd'hui de constituer cette association en vertu de laquelle nous avons été arrêtés, n'a été tenue dans le XVe arrondissement?

Pourquoi enfin ce chef d'affiliation à l'Internationale qu'on n'a mis qu'après coup, trois jours après les « scènes » du 5 septembre, à la charge de sept d'entre nous, sinon pour se débarrasser des réclamations de la presse et pour en finir avec les protestations qui se faisaient jour de toute part?

Un gouvernement non pas à la poursuite d'un délit constaté, *mais à la recherche d'un délit à créer*, frappant successivement à toutes les portes, rue des Entrepreneurs, salle Diderot, salle Pétrelle, rue d'Arras, et aboutissant, faute d'avoir pu trouver ce délit nulle part, à le mettre partout, — tel est le spectacle auquel nous assistons depuis trois mois, spectacle écœurant, s'il en fut, mais surtout absolument incompréhensible, si des déclarations mêmes du ministère public il ne résultait avec la clarté de l'évidence, qu'au fond de tout ceci il n'y a qu'un coup tenté — à l'exemple, sinon sur l'ordre de l'Allemagne prussienne — contre le socialisme révolutionnaire français.

Oui, messieurs, ce que l'on poursuit en nous sous le couvert d'association illicite — je n'en veux d'autre preuve que le langage de l'accusation — ce sont les opinions socialistes et révolutionnaires professées par le plus grand nombre d'entre nous; et ce serait se tromper étrangement sur le compte de l'opinion publique que de s'imaginer qu'on a réussi à lui donner le change sur les « tendances » auxquelles est réellement fait le présent procès, en nous adjoignant des co-prévenus qui peuvent se mouvoir dans un autre ordre d'idées.

Loin d'ailleurs de chercher à dissimuler les tendances qui nous ont valu l'honneur — quelque peu périlleux — d'une assignation en police correctionnelle, nous sommes prêts à les affirmer hautement ici comme partout ailleurs.

Oui, nous sommes de ceux qui poursuivent une révolution sociale, qui croient à la nécessité et à l'inévitabilité en même temps d'un 89 ouvrier. Et savez-vous pourquoi, messieurs?

C'est que nous pouvons nous dresser devant la société d'aujourd'hui avec le même réquisitoire formulé contre l'ancien régime par le Tiers-État d'autrefois; et qu'à l'appui des revendications du Quatrième-État, nous pouvons invoquer les mêmes arguments, les mêmes droits invoqués par le Tiers à l'appui de ses revendications d'il y a 91 ans.

« Tout était privilége, dans les individus, les

classes, les villes, les provinces et les métiers eux-mêmes, » dit M. Thiers de l'ancien régime et à l'appui de la Révolution dont il prétendait écrire l'histoire.

Tout est aujourd'hui encore privilége dans les individus, les classes, les communes et les professions elles-mêmes, pouvons-nous dire à notre tour de l'ordre social actuel et à l'appui de la Révolution dont nous entendons non pas écrire mais *faire* l'histoire.

Privilége dans les individus, dont les uns, le petit nombre, sans agir, avant même d'être capables d'action, trouvent dans leur berceau les moyens d'être tout, d'arriver à tout, science, fortune, dignités ; alors que pour l'immense majorité, ce même berceau ne contient qu'un lait tari, l'ignorance la plus absolue ou la dérision de l'instruction primaire, les travaux forcés de l'usine ou de la mine dès l'âge de 10 ans et l'éternelle misère du salariat ;

Privilége, dans les classes, dont l'une, celle des capitalistes, ne connait ni frontières ni loi contre les réunions et les associations, alors que celle des prolétaires voit tout ces mouvements surveillés, entravés, et ne peut ni s'entendre pour parer à la concurrence meurtrière que ses membres sont condamnés à se faire entre eux de ville à ville, de pays à pays, ni rechercher en commun — sans s'exposer à être traduits par devers vous — la raison et le remède de leur exploitation ;

Privilége dans les communes, dont plusieurs milliers, chefs-lieux de département, d'arrondissement on de canton, sont sous le régime de municipalités imposées, dont la plus grande, Paris, n'a pas de municipalité du tout, alors que 30.000 autres s'administrent par des maires et des adjoints de leur choix;

Privilége dans les professions, dont l'une, celle de prêtres, entraîne l'exemption de l'impôt du sang; dont d'autres, dites libérales, réduisent pour ceux qui peuvent les embrasser, la servitude militaire de 5 à 1 an, et dont d'autres encore, comme les fonctions publiques, militaires, civiles ou judiciaires, emportent pour leurs titulaires une retraite, des indemnités, une pension, alors que le plus grand nombre ne laissent à la vieillesse, à la maladie ou aux infirmités de leurs membres, ouvriers de l'industrie ou de l'agriculture, d'autres ressources que la charité publique ou la mort.

Dans cette même prétendue histoire de la Révolution française, M. Thiers écrit encore, comme justification de la prise de possession violente du pouvoir par le Tiers-État que « le Tiers comprenait toutes les classes utiles et industrieuses et que s'il ne possédait qu'une partie des terres, du moins il les exploitait toutes. »

Or, comment nier, messieurs, que tel soit précisément le cas du Quatrième-État, du peuple des salariés qui, de l'aveu des économistes bourgeois, « constitue toutes les classes productives » et qui s'il ne possède rien du capital terrien et industriel est seul à le mettre tout entier en valeur?

Mais il est inutile que je vous refasse ici, sur de

nouveaux frais, le programme et la justification de nos revendications. Ce que nous voulons, ce que nous avons le droit de vouloir, nous l'avons assez souvent dit et écrit à la face du soleil pour qu'il nous suffise de nous citer nous-mêmes, ne serait-ce que pour prévenir le soupçon de ceux qui, ne nous connaissant pas, pourraient nous supposer capables d'arranger, de refaire notre Collectivisme incriminé à l'usage de la 10e Chambre.

Voici, par exemple, ce qu'on a pu lire il y a un an, sous le gouvernement du 16 Mai, dans ce même journal « *L'Egalité* » que M. le Substitut invoquait hier contre nous :

CE QUE NOUS VOULONS

Les révolutions de 1789 et de 1848 dont se réclament aujourd'hui les conservateurs eux-mêmes en appellent une troisième qui les complète et en soit, pour ainsi dire, la sanction.

C'est cette nouvelle révolution, inévitable, que nous voulons et dont l'insurrection lyonnaise de 1831, les journées de juin 1848 et l'explosion du 18 mars 1871 constituent les signes avant coureurs.

A l'égalité devant la loi proclamée il y a quatre-vingt-huit ans ;

A l'égalité devant le scrutin, proclamée il y a vingt-neuf ans ;

Nous voulons ajouter, sinon l'égalité organique et matérielle qui est affaire de temps, de beaucoup de temps, au moins *l'égalité devant les moyens de développement et d'action.*

Les *droits* ne sont que des paroles vaines pour qui

manque des *moyens* de les faire valoir, écrivait Mazzini en 1842.

Et par suite de l'*inégalité des moyens* que les révolutionnaires de 89 et de 48 n'avaient pas faite mais qu'ils eurent le tort de respecter, de consacrer, l'*égalité des droits* civils et politiques qu'ils décrétaient était et devait rester lettre morte pour l'immense majorité du corps social.

La liberté individuelle devenait une réalité pour la classe possédante qui n'était menacée dans la libre disposition d'elle-même que par les lettres de cachet. Mais pour l'ouvrier, obligé s'il veut manger et donner à manger à sa femme et à ses enfants, de se vendre, de vendre ses fatigues, sa santé, sa vie, à un prix sans proportion aucune avec les valeurs par lui créées, elle n'était qu'un mensonge.

Mensonge également la propriété que la Constitution de 1791 range parmi « les droits naturels et imprescriptibles de l'homme », pour qui non-seulement ne possède rien mais ne se possède pas lui-même et doit servir d'instrument à la fortune d'autrui !

Mensonge la sûreté que la même Constitution définit « protection accordée par la société à chacun de ses membres pour la conservation de sa personne et de ses propriétés ! « Le prolétaire n'a pas de propriétés, et quant à sa personne, la société ne la protége ni contre la faim, résultat du chômage, ni contre l'avilissement des salaires amené par la concurrence illimitée, ni contre la mort prématurée dans les puits à charbon, les mines de mercure, les soufrières etc.

Mensonge la liberté de conscience pour qui manque du développement intellectuel et scientifique sans lequel la conscience, c'est-à-dire une opinion raisonnée, positive, n'est pas possible !

Mensonge l'accessibilité de tous aux fonctions publiques pour la masse des salariés éloignés par la misère des écoles supérieures, des facultés, pour ne pas dire des écoles primaires, et condamnés à l'atelier, à la manufacture, à la mine dès l'âge de dix ans!

Mensonge la liberté du travail, d'après laquelle « aucun genre de culture, de commerce ne saurait être interdit à l'industrie des citoyens » pour qui n'a ni terre, ni capital, ni crédit !

Mensonge l'électorat pour qui ne sait pas lire ou est à la merci d'un maître qui lui demande son bulletin de vote !

Mensonge l'éligibilité pour qui a conscience de son ignorance et ne se donnerait pas à lui-même sa voix !

Faire de ces divers mensonges autant de vérités pour tous, — et ce de la seule façon dont la chose puisse se faire, c'est-à-dire en assurant aux facultés d'un chacun un égal développement et un champ égal d'application, — voilà ce que nous voulons et ce que veulent avec nous, avant et plus que nous, pourrait-on dire, la justice et l'intérêt général.

Que notre tentative soit juste, c'est ce que nos adversaires mêmes, les bourgeois de l'heure présente, ne sauraient contester, eux qui ont accompli à la fin du dernier siècle, dans cette petite société qui est la famille individuelle, la révolution que nous voulons accomplir — et que nous accomplirons, qu'on n'en doute pas — dans la grande famille humaine qui est la société.

L'ordre familial d'avant 89 comme l'ordre social d'aujourd'hui était basé sur l'attribution à quelques privilégiés, remise au hasard de la naissance, de la totalité des ressources du groupe, à l'exclusion et au détriment des autres membres, de beaucoup les plus nombreux.

C'est ce qu'on appelait le droit de primogéniture ou d'aînesse.

Et le premier usage que fit de sa victoire le Tiers-Etat, de *rien* devenu *tout*, ce fut d'abolir le droit d'aînesse, ce fut, pour me servir d'une expression de M. Gambetta, « de faire disparaître cet attentat qui consistait à dépouiller les uns au profit d'un seul dans les familles, pour satisfaire l'orgueil de la race, » et d'appeler tous les membres de la communauté a une part égale dans le patrimoine commun.

Or nous ne poursuivons pas autre chose.

Nous voulons à notre tour *faire disparaître cet attentat, plus énorme encore, qui consiste à dépouiller dans la société le plus grand nombre au profit du plus petit, pour satisfaire l'oisiveté de quelques-uns;* nous voulons abolir le droit d'aînesse d'une classe et appeler chaque homme à une égale jouissance du patrimoine de l'humanité restitué à l'humanité.

Si la substitution de la famille égalitaire à la famille féodale d'autrefois était commandée par l'équité, comment la substitution de la société égalitaire à la société féodale d'aujourd'hui pourrait-elle ne pas l'être?

Que d'autre part, l'intérêt public, social, doive trouver sa satisfaction dans la réalisation de notre programme, c'est ce qu'à défaut de la science le simple bon sens suffirait à établir.

Qui dit facultés dit forces, c'est-à-dire productivité et richesses. Que penserait-on d'un propriétaire qui laisserait en friche la majeure partie de ses terres, d'un éleveur qui laisserait décimer et épuiser par la faim les neuf dixièmes de ses troupeaux? Qu'ils sont fous à lier, qu'ils méconnaissent leur intérêt le plus vital. C'est cependant ce que fait, aux applaudissement de ses exploiteurs, la société actuelle lorsqu'elle laisse en friche l'intelligence du plus grand nombre de ses membres, lorsqu'elle laisse la misère paralyser ou briser leurs muscles. Et vouloir, comme nous le voulons, qu'il soit mis fin à un pareil état de choses, que les facultés d'un chacun, indistinctement, soient désormais assurées de leur développement intégral, c'est vouloir que la productivité humaine soit portée à son maximum.

D'un autre côté, sans matière première sur laquelle s'appliquer, l'activité cérébrale et musculaire, si exercée, si développée qu'on la suppose, est absolument et nécessairement stérile : c'est une roue tournant dans le vide. Or dans les conditions présentes, cette matière première, ce capital, accaparé, monopolisé par quelques-uns, n'est livré au travail fécondant que dans la mesure qui convient à ces quelques-uns. Le *fonds de production*, pour parler le langage économiste, est abandonné à l'arbitraire de l'intérêt individuel. Et vouloir qu'il en soit autrement, que le capital *désindividualisé* soit mis tout entier et toujours à la disposition de l'activité productrice de tous, c'est vouloir que la production sociale soit portée à son tour à son maximum.

La voie dans laquelle nous avons la prétention d'engager la démocratie française, le but que nous donnons d'ores déjà à ses efforts, correspondent donc, je le répète, à des exigences d'ordre moral et matériel à la fois.

Ce que nous voulons n'est pas seulement équitable, l'équité même ;

Ce que nous voulons est possible :

Ce que nous voulons est nécessaire.

Et c'est pourquoi il faudra bien de gré ou de force,
que nous finissions par l'obtenir.

Tel est notre socialisme, que nous ne soumettons
pas à votre jugement, messieurs, mais que nous
n'avons aucune raison de ne pas vous livrer en entier, parce qu'il n'a qu'un but ; l'émancipation humaine, le bien-être de tous par le travail et dans la
liberté.

Libre après cela au ministère public, qui trouve
plus commode de nous accuser que de nous lire et
nous comprendre, libre à lui de nous dénoncer à
votre pouvoir discrétionnaire, comme autant d'ennemis de la famille et de la propriété. De pareilles
imputations — que nous pourrions lui renvoyer —
n'atteignent que leur auteur, dont elles accusent au
moins l'ignorance.

Nous, ennemis de la famille ! mais pour ne rien
dire de nos propres familles, de nos enfants, de nos
femmes, de nos mères, dont le seul ennemi, aujour-
d'hui du moins, me parait être M. le Substitut lui-
même qui vous demande de les priver d'un père,
d'un mari, d'un fils, est-ce que ce serait nous, par
hasard, qui sans le savoir, pour réduire nos frais de
main-d'œuvre et augmenter démesurément nos pro-
fits, enlevons sa femme à l'ouvrier, sa mère à l'enfant de l'ouvrier pour l'envoyer faire une concurrence
homicide à son mari ou à son fils dans des fabri-
ques et des manufactures où son sexe n'est pas
moins odieusement exploité que son travail? Est-ce
nous qui — toujours pour encaisser davantage —

après avoir enlevé la femme et la mère, enlevons encore au foyer vide le « petit » lui-même pour le convertir dès 9 ou 10 ans non pas même en machine, mais en valet de machine? Serait-ce contre nous enfin, et non contre l'avidité des patrons — peu suspects de socialisme, à coup sûr — qu'il a fallu faire des lois comme celle de 1874 pour limiter ce drainage des familles prolétariennes — c'est-à-dire de 80% des familles françaises — et pour veiller à ce qu'au moins la nuit, l'épouse ne pût être soustraite au lit conjugal, la mère volée au berceau de son enfant?

Pour que votre famille pût être détruite par nous, messieurs les conservateurs à outrance de l'ordre actuel, il faudrait d'abord qu'elle existât; que la production capitaliste de l'heure présente ne l'eût pas broyée, émiettée dans l'âpreté de ses engrenages; qu'elle ne fût pas en un mot un objet de luxe, à la portée seulement d'une petite minorité d'oisifs qui — le flot montant de la prostitution publique et privée en fait foi — ne savent même pas la respecter lorsqu'ils la possèdent.

Organiquement la famille représente ou devrait représenter, pour les nouvelles pousses humaines les garanties nécessaires de conservation physique et de développement intellectuel qui n'existent aujourd'hui que pour quelques-uns. Et loin de vouloir détruire ces garanties, aujourd'hui illusoires pour la masse, je le répète, nous entendons en faire autant de réalités pour tous en les transférant à la commune ou à la collectivité toute entière, qui n'a pas seulement un intérêt supérieur à mettre dès le début chacun de ses membres en mesure de produire le plus et le mieux possible, mais possède encore et surtout les moyens d'arriver à ce résultat.

Nous, ennemis de la propriété! alors que le seul reproche que nous adressions à la propriété d'aujourd'hui, dans sa forme actuelle, laquelle n'a cessé de varier dans le temps et dans l'espace, est précisément d'être trop limitée, trop restreinte; de n'être, de ne pouvoir être que le fait, le privilége d'un petit nombre, et de ne pas exister pour la masse! Alors que notre unique préoccupation, le but exclusif de nos efforts est de l'universaliser, c'est-à-dire de la créer pour chacun et pour tous, de la seule manière dont la chose soit possible, en appelant tous les hommes indistinctement à la co-propriété des capitaux naturels (terre, mines, etc.), et des plus values successives qu'ils ont pu retirer du travail des générations passées, de façon à ce que disposant sans condition du capital qu'il met en valeur, chacun, transformé en travailleur, puisse jouir du produit entier de son travail!

Après avoir mis chaque homme en mesure de produire, lui assurer la propriété de la totalité des valeurs par lui créées, si c'est cela que le ministère public entend par *destruction de la propriété*, alors, oui, nous voulons détruire la propriété; mais nous voulons la détruire comme on a détruit en 1848 le droit de vote en le démonopolisant et en l'étendant du petit groupe des censitaires à la totalité des citoyens; comme on a détruit en 1873 le service militaire en y astreignant tout le monde, et comme on essaie actuellement de détruire l'école primaire en l'ouvrant gratuitement à tous les enfants sans distinction !

Il est un point cependant sur lequel M. le Substitut a frappé juste — je ne fais aucune difficulté de le reconnaître. C'est lorsqu'il nous a représentés comme autant d'ennemis de la religion, de toutes les religions, de ce qu'avec la permission de M. de Marcère dans des congrès catholiques, c'est-à-dire internationaux au premier chef, l'ex-capitaine de Mun appelle « les droits de Dieu. » Oui, cela est vrai, nous sommes athées ! Athées comme Diderot, athées comme Fuerbach ! Athées avec Laplace, avec Gœthe, avec Lamark ! Mais encore n'apportons-nous qu'une ardeur très-relative à cette campagne contre un mythe, à laquelle suffit largement la science même bourgeoise d'aujourd'hui, la science des Lyell, des Huxley, des Broca et de cet Hœkel — un allemand comme mon ami Hirsch — à qui notre ministre de l'instruction publique donnait, il y a deux mois, non pas une cellule à Mazas, mais l'hospitalité de la Sorbonne, et dont l'*Histoire de la création naturelle* ne laisse pas de place pour un créateur.

Que ce soit là, malgré tout, des idées, des théories *subversives* pour le ministère public, c'est ce qui est bien possible, et ce dont pour ma part je n'éprouve pas le besoin de me disculper, au moins jusqu'à ce qu'on m'ait indiqué en quelque matière que ce soit, un idée, une théorie qui ne soit pas *subversive* de quelque chose. L'idée républicaine des fonctions électives est en politique *subversive* de l'idée monarchique des fonctions héréditaires, de même que la théorie galiléenne était en astronomie *subversive* de la *géocentrie* biblique, etc., etc.

De quoi, ensuite, nos doctrines seraient-elles *subversives*? J'ouvre le « Voyage d'Alfred Wallace », le célèbre naturaliste anglais, « à l'Archipel Malais », et je lis :

« En comparaison de nos étonnants progrès dans les sciences physiques et de leurs applications pratiques, nos systèmes de gouvernement, de justice administrative, d'éducation nationale, *toute notre organisation sociale et morale sont à l'état de barbarie.* »

Subversives de la barbarie! telles seraient donc nos idées, nos théories; outre que ce sont des théories, des idées, et que comme telles vous n'avez, messieurs, aucun droit sur elles.

J'ai dit, messieurs; mais avant de me rasseoir, en terminant et pour me résumer, je me permettrai — passez-moi l'expression — de mettre votre justice *au défi* de nous condamner.

Vous ne nous condamnerez pas, parce que, ni le Congrès ouvrier international socialiste ni son organisation, en leur qualité incontestable de faits temporaires, momentanés, ne pouvaient donner matière à une association. Ce n'est pas moi, c'est M. le Garde des Sceaux, Ministre de la Justice, qui vous le crie par la bouche du M. Dufaure de 1863.

Mais vous ne nous condamnerez pas pour d'autres raisons encore :

Vous ne nous condamnerez pas, parce que les

poursuites sur lesquelles vous êtes appelés à statuer ont été accompagnées, illustrées d'une série de méfaits, violences contre les personnes, arrestations illégales, outrages aux prévenus, violation de domicile, faux en procès-verbal d'interrogatoire etc., et que condamner les victimes de ces divers attentats, ce serait sinon acquitter de droit au moins couvrir en fait de l'autorité de vos jugements les fonctionnaires prévaricateurs ;

Vous ne nous condamnerez pas enfin :

Parcequ'au point de vue de la conservation sociale il y aurait au moins imprudence à montrer une Exposition universelle des produits du travail, qui a abouti avant-hier même à la distribution des récompences que vous savez, aux capitalistes et aux patrons, se soldant pour les travailleurs par une distribution d'amendes et de prison ;

Parce que, comme je le disais en commençant, ce serait donner force de loi à la mise hors du droit commun de la France ouvrière prononcée «par commissaires et non par juges» le 5 septembre dernier ;

Parcequ'en établissant l'existence non pas seulement économique, non pas même politique, mais civile et judiciaire des classes, ce serait mettre la classe sacrifiée dans le cas de légitime défense;

Et que vous ne voudrez pas, messieurs, assumer gratuitement une pareille responsabilité.

Par jugement en date du 24 octobre,

Sont condamnés :

J. Guesde, à 6 mois d'emprisonnement et 200 fr. d'amende ;

G. Deville, à 2 mois d'emprisonnement et 100 fr. d'amende ;

E. Massard et Coueste, à 1 mois et 100 francs ;

L. Chabry, G. Picourt, J. Vaidy, Jeallot, S. Paulard, à 15 jours et 50 francs ;

Gerbaud, à 8 jours et 50 francs ;

Briolle, Boguet, L. Boulet, Vivien, Bernard, Tassotte, Audonnet, Oriol, Damlaincourt et Kilchenstein, à 100 francs ;

Chevallier, à 16 francs.

Paris. — Imp. A Reiff, 9, place du Collége de France.

PRIX : 25 CENTIMES

9 782019 205713